VISITANDO MI COMUNIDAD

EL PARQUE

Megan Cuthbert

LIGHTBOX
openlightbox.com

LIGHTBOX

Entre a
www.openlightbox.com
e ingrese el código único
de este libro.

CÓDIGO DE ACCESO

LBXU7473

Lightbox es una completa solucióndigital para enseñar y aprender temas curriculares de una manera original e innovadora. Lightbox se basa en las Normas Curriculares Nacionales.

OPTIMIZADO PARA

- ✓ TABLETAS
- ✓ PIZARRAS ELECTRÓNICAS
- ✓ COMPUTADORAS
- ✓ ¡Y MUCHO MÁS!

CARACTERÍSTICAS ESTÁNDAR DE LIGHTBOX

- **AUDIO** Narraciones de alta calidad con sistema de texto a voz
- **VIDEOS** Videoclips de alta definición incorporados
- **ACTIVIDADES** PDFs imprimibles que pueden enviarse por correo electrónico y calificarse
- **ENLACES WEB** Enlaces cuidadosamente seleccionados con recursos seguros para niños
- **PRESENTACIÓN EN DIAPOSITIVAS** Ilustraciones gráficas de los conceptos clave
- **MAPAS INTERACTIVOS** Mapas interactivos e imágenes satelitales aéreas
- **CUESTIONARIOS** Diez preguntas de elección multiple con puntaje automático que se envían por correo electrónico al docente para su evaluación
- **PALABRAS CLAVE** Combinación de los conceptos clave con sus definiciones

RECURSOS SUPLEMENTARIOS

- **COMPARTE** Comparte títulos dentro de tu Sistema de Gestión de Aprendizaje (LMS) o Sistema de Circulación de Bibliotecas
- **CURRÍCULO** Encuentre correlaciones curriculares Nacionales y Estatales.
- **CITAS** Crea referencias bibliográficas siguiendo los estilos de APA, CMOS y MLA

VIDEOS

ENLACES WEB

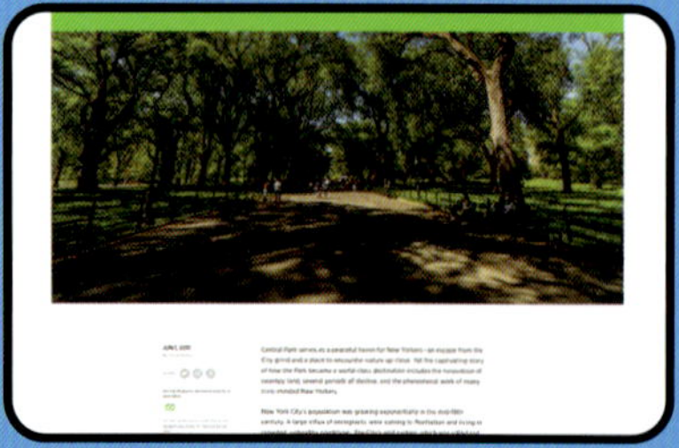

PRESENTACIÓN EN DIAPOSITIVAS

CUESTIONARIOS

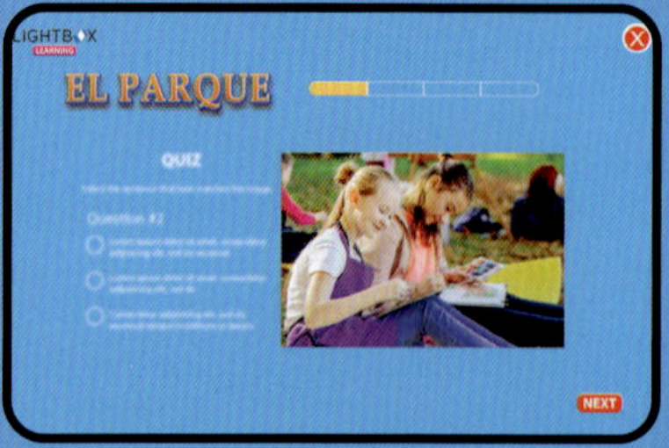

Este título está incluido en nuestra suscripción digital de Lightbox

Suscripción en español de K–5 por 1 año
ISBN 978-1-5105-5935-6

Accede a cientos de títulos de Lightbox con nuestra suscripción digital.
Regístrate para una prueba **GRATUITA** en **www.openlightbox.com/trial**

Se garantiza que los componentes digitales de este libro estarán activos por al menos cinco años desde la fecha de publicación.

VISITANDO MI COMUNIDAD

EL PARQUE

Contenidos

2 Código de acceso a Lightbox
4 El parque
6 Un espacio verde
8 La naturaleza
10 Los juegos
12 Las clases de arte
14 El campamento diario
16 Los eventos
18 Los pícnics
20 Limpiando el parque
22 Actividad

Mi comunidad es el lugar donde vivo.

En mi comunidad hay un parque.

El parque es un espacio verde de mi comunidad.

El parque hace que la gente quiera venir a visitar mi comunidad.

El parque público más viejo de los Estados Unidos se inauguró hace **400 años**.

Cuando voy al parque, aprendo sobre la naturaleza.

Hay muchos animales y plantas diferentes para ver.

En el Central Park de la ciudad de Nueva York hay más de **18 000 árboles**.

En el parque, me divierto jugando con mis amigos.

Podemos correr y jugar al aire libre.

Los parques de la ciudad de Nueva York tienen **más juegos** que los de cualquier otra ciudad de EE.UU.

A veces, vamos con mi clase de arte a pintar al parque.

Practicamos pintando las cosas que vemos.

Mi parque tiene un campamento diario al que puedo ir los fines de semana.

Puedo conocer nuevos amigos y aprender a hacer manualidades.

El parque
se usa para hacer
eventos especiales.

Vamos al parque a ver obras de teatro y conciertos de música.

Mi familia hace pícnics en el parque.

Comemos al aire libre.

La mayoría de los estadounidenses van al parque de su comunidad unas **29 veces por año**.

A veces, la gente de mi comunidad se junta para limpiar el parque.

Todos debemos recoger las latas y los papeles que ensucian el espacio verde.

¿Qué has aprendido sobre los parques?

¿En qué fotos se puede ver un parque?

Published by Lightbox Learning Inc.
276 5th Avenue, Suite 704 #917
New York, NY 10001
Website: www.openlightbox.com

Library of Congress Control Number: 2024948018

ISBN 978-1-5105-8569-0 (hardcover)
ISBN 978-1-5105-8570-6 (static multi-user eBook)
ISBN 978-1-5105-8572-0 (interactive multi-user eBook)

102024
112024

Printed in Guangzhou, China
1 2 3 4 5 6 7 8 9 0 29 28 27 26 25

Designer: Ana María Vidal
English Project Coordinator: John Willis
Spanish Project Coordinator: Sara Cucini
English/Spanish Translation: Translation Services USA

Every reasonable effort has been made to trace ownership and to obtain permission to reprint copyright material. The publisher would be pleased to have any errors or omissions brought to its attention so that they may be corrected in subsequent printings.

The publisher acknowledges Alamy, Dreamstime, Getty Images, and Shutterstock as its primary image suppliers for this title.